17.11.2012

WIEN

CITY PANORAMAS 360°

Liebe Lisel

Dieses Buch soll Dir zur Vorbereitung Deiner Wienreise dienen. Wir wünschen Dir viel Freude damit und bleibende Erinnerungen.

Inge & Fritz

Fotos
Werner Weiler

Texte
Helga Neubauer
Wolfgang Vorbeck

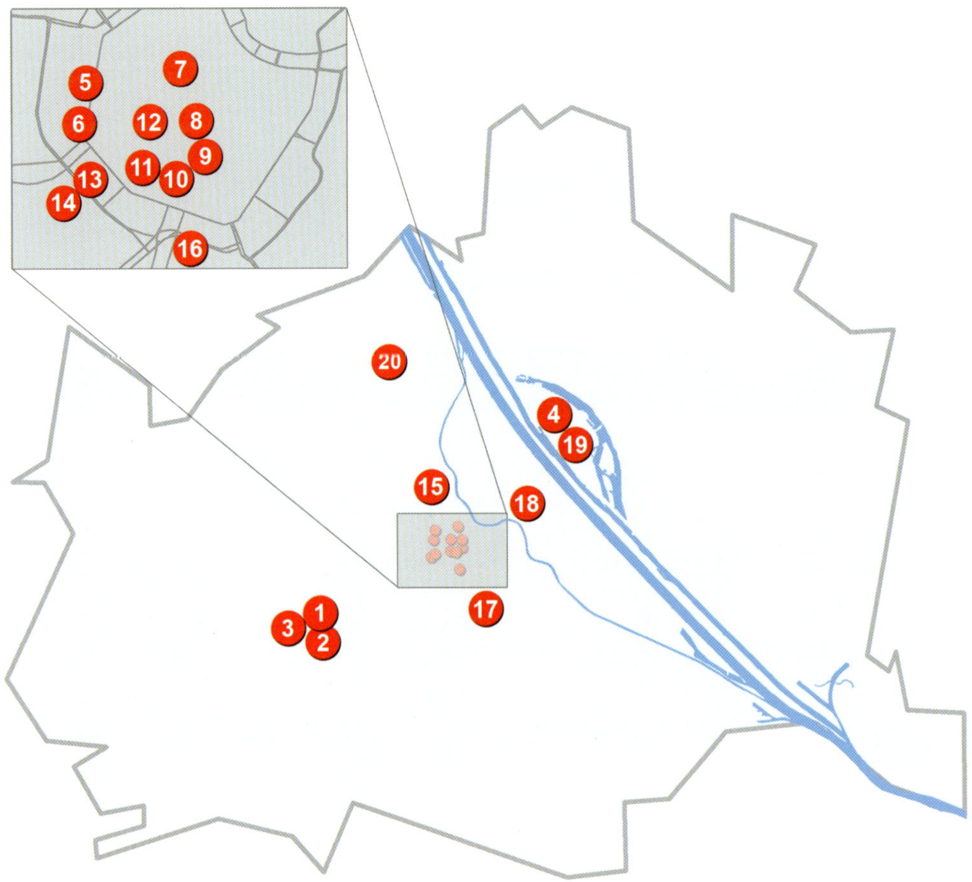

1. Hietzing – Schloss Schönbrunn
2. Hietzing – Schloss Schönbrunn/Große Galerie
3. Hietzing – Schloss Schönbrunn/Palmenhaus
4. Donaustadt – Donauturm
5. Innere Stadt – Rathausplatz/Burgtheater
6. Innere Stadt – Parlament
7. Innere Stadt – Judenplatz
8. Innere Stadt – Stock-im-Eisenplatz
9. Innere Stadt – Kärntnerstraße
10. Innere Stadt – Albertinaplatz
11. Innere Stadt – Burggarten/Schmetterlingshaus
12. Innere Stadt – Michaelerplatz
13. Innere Stadt – Maria-Theresien-Platz
14. Neubau – Museumsquartier
15. Alsergrund – Palais Liechtenstein
16. Wieden – Karlsplatz
17. Landstraße – Belvedere
18. Leopoldstadt – Prater
19. Donaustadt – Uno City
20. Döbling – Grinzing

„An der schönen blauen Donau" heißt der „Donauwalzer", eines der weltweit bekanntesten Musikstücke und beschreibt damit die Lage der Bundeshauptstadt an Österreichs größtem Fluss. Wien ist mit nahezu 1,7 Millionen Einwohnern und 23 Bezirken auch ein Bundesland der Republik Österreich. Erste Besiedelungen gehen auf 2000 v. Chr. zurück. Von den Kelten „Vedunia" und von den Römern „Vindobona" genannt, erlebte Wien unter den Babenbergern seinen ersten Aufschwung. Doch erst als Residenzstadt der Habsburger gewann die Stadt international an Bedeutung und zu Ende der k. u. k. Monarchie war der Bevölkerungsstand mit über 2 Millionen am höchsten. Wien gilt als „Schmelztiegel" der Bewohner des k. u. k. Herrschaftsgebietes mit unterschiedlichen Kulturen und Religionen. Viele Wiener tragen Namen, die auf die Herkunft ihrer Vorfahren schließen lassen.

Bildung und Wissenschaft spielten seit jeher eine große Rolle, so wurde schon 1365 die im deutschen Sprachraum älteste Universität gegründet. Physiker, Chemiker, Erfinder, Nobelpreisträger, Soziologen und Psychologen wie Alfred Adler, Carl Auer von Welsbach, Viktor Frankl, Sigmund Freud, Konrad Lorenz, Ludwig Wittgenstein, Kardinal König und der Entdecker der Blutgruppen Karl Landsteiner zählen zu den ruhmreichsten Wienern.

In der „Welthauptstadt der Musik" lebten und leben viele berühmte Künstler und Musiker darunter die Familie Strauß, Franz Schubert, Wolfgang Amadeus Mozart, Johannes Brahms und Arnold Schönberg. Die Konzert- und Opernhäuser gehören zu den bekanntesten der Welt, besonders die Wiener Staatsoper. Die Wiener Sängerknaben sind eines der kulturellen Wahrzeichen der Stadt und das Neujahrskonzert der Wiener Philharmoniker wird jährlich von Milliarden Menschen weltweit mitverfolgt. Das Donauinselfest ist eines der größten Open-Air-Konzerte in Europa. In den 50 Theatern der Stadt, die auf eine lange Tradition zurückblicken, allen voran das Burgtheater an der Wiener Ringstrasse, werden klassische Stücke, das vom Wiener Charme geprägte Kabarett, Operetten und Musicals aufgeführt. Hans Moser, Helmut Qualtinger, und Erwin Steinhauer zählen zu den bekanntesten Wiener Schauspielern.

Auch in der Literatur spielte Wien jahrhunderte lang eine wichtige Rolle. Eine der frühesten Darstellungen des mittelalterlichen Epos war um 1200 das „Nibelungenlied". Von damals lässt sich die Reihe von berühmten Dichtern wie Franz Grillparzer, Ernst Jandl, Karl Kraus, Johann Nestroy, Arthur Schnitzler, Friedrich Torberg und Stefan Zweig bis zur Nobelpreisträgerin 2004 Elfriede Jelinek fortsetzen. Zahlreiche Museen mit Weltruf runden das kulturelle Angebot der Stadt ab. Ein Besuch im Schloss Schönbrunn oder im „Sissy Museum" in der Wiener Hofburg, bietet die Möglichkeit, sich in die Kaiserzeit zurück zu versetzen. Die 1572 gegründete Spanische Hofreitschule zählt mit ihren Lipizzaner-Hengsten heute zu einer weltweit bekannten Touristenattraktion.

Internationale Organisationen, wie OPEC, IAEA und UNO haben einen Sitz in Wien und unterstreichen damit die politische Bedeutung der Stadt. Die komplette Innenstadt wurde 2001 von der UNESCO in die Liste der Weltkulturerbestätten aufgenommen. Unzähligen Parkanlagen verdankt Wien den Ruf, eine der „grünsten" Städte der Welt zu sein.

Die Architektur beinhaltet Bauwerke aller Stil-Epochen. Neben zahlreichen Sakralbauten und vielen Palästen ist eines der interessantesten Gebäude das Hundertwasserhaus des Realisten Friedensreich Hundertwasser. Der 1999 erbaute, 202 m hohe, Millennium Tower ist das höchste Gebäude Wiens. Der Wiener Zentralfriedhof mit einer Fläche von fast 2,5 Millionen Quadratmetern ist die zweitgrößte Friedhofsanlage Europas und zählt mit seinen vielen Ehrengräbern zu den Sehenswürdigkeiten der Stadt. Der Wiener Liedermacher Wolfgang Ambros hat dem Friedhof 1975 den makabren Song „Es lebe der Zentralfriedhof" gewidmet.

Durch die Donau und den Rhein-Main-Donau-Kanal ist die Stadt auf dem Wasserweg sowohl mit dem Hafen Rotterdam als auch mit den Ländern Osteuropas bis zum Schwarzen Meer verbunden. Südöstlich der Stadt liegt der Vienna International Airport, in Wien als Flughafen Schwechat bekannt.

Kulinarisch hat Wien auch einiges zu bieten. Schon seit dem 16. Jahrhundert werden auf dem Naschmarkt, dem seine Jugendstilgebäude interkulturelles Flair verleihen, an vielen historischen Verkaufsständen kulinarische Erlebnisse der Extraklasse angeboten. Wiener Gerichte und Mehlspeisen erlangten Weltruf, allen voran die berühmte Sachertorte. Auch heute noch werden Lieblingsgerichte der Kaiser in Wiener Lokalen angeboten. Das „Wiener Kaffeehaus" bietet eine Vielzahl von Kaffeespezialitäten und konnte seinen ursprünglichen Charme bewahren. Der Wiener „Heurige", den sowohl Wiener wie auch Touristen gerne aufsuchen, ist untrennbar mit der Stadt verbunden.

Fiakerrundfahrt
Gardentour

Schloss Schönbrunn

Gloriette

Schloss Schönbrunn – Große Galerie

Das Schloss und die weitläufigen Nebengebäude beherbergte einst 1.441 Räume. Heute sind in der Nobeletage des Schlosses 40 Repräsentations- und Privaträume der kaiserlichen Familie für die Öffentlichkeit zugängig. 1996 wurden Schloss und Garten in die Liste des Weltkulturerbes der UNESCO aufgenommen.
Einer der prunkvollsten Räume des Schlosses ist die große Galerie im Zentrum des Schlosses (360°-Panoramafoto), die im Zuge der Umbaumaßnahmen durch Kaiserin Maria Theresia errichtet wurde. In dem 43 m langen und 10 m breiten Saal wurden Staatsakte und Feierlichkeiten abgehalten. Bemerkenswert sind die Deckenfresken des Italieners Gregorio Guglielmi aus den Jahren 1760-61. Sie zeigen Maria Theresia und ihren Gemahl, den römisch-deutschen Kaiser Franz I. Stephan sowie Allegorien auf den Krieg, Darstellungen der österreichischen Erbländer und deren Erzeugnisse und eine Verherrlichung des Friedens, der Künste, der Technik und der Landwirtschaft. In der Mitte der Großen Galerie gelangt man durch drei Rundbögen in die angrenzende Kleine Galerie, die sich mit Ausgängen auf die südliche Freitreppe zum Schlosspark öffnet.

2

Neptunbrunnen im Schlosspark Schönbrunn. Im Hintergrund die Gloriette.

Palmenhaus im Schlossgarten von Schönbrunn

PALMENHAUS
PALMENHAUS

Schloss Schönbrunn – Palmenhaus

Im Schönbrunner Schlossgarten wurde 1881-82 das mit 113 m Länge und 28 m Höhe größte Palmenhaus Europas errichtet. Der filigrane Charakter dieser Eisen-Glas-Konstruktion verleiht dem Gebäude trotz des gigantischen Gewichtes des Materials – es wurden etwa 600 t Schmiedeeisen und weitere 120 t Gusseisen verarbeitet – einen zarten und leichten Ausdruck. Der Innenbereich mit seinen ornamentalen Blumenbeeten, mächtigen Schalenbrunnen und beschnittenen Pflanzen erinnert an das Zeitalter des Barocks. 1986 bis 1990 wurden die drei Pavillons, in denen unterschiedliches Klima herrscht, einer grundlegenden Renovierung unterzogen und so erstrahlen sie wieder in ihrem ursprünglichen Glanz.
Der grandios angelegte Schlosspark (360°-Panoramafoto) wurde bereits 1779 der Öffentlichkeit zugängig gemacht und ist auch heute noch ein beliebtes Naherholungsgebiet der Wiener, das jährlich von über 5 Millionen Besuchern aufgesucht wird. Der Tiergarten im Schlosspark wurde 1752 von Kaiser Franz I. Stephan wegen seines großen naturwissenschaftlichen Interesses, wie auch zum Amüsement der Mitglieder des Hofes gegründet und ist heute der älteste noch bestehende Zoo der Welt.

3

Palmenhaus Schönbrunn

Copa Cagrana

Bürohäuser auf der überplatteten Donauuferautobahn; im Hintergrund die UNO-City.

O
SO
S

DONAUSTADT

Donauturm

Der XXII. Wiener Gemeindebezirk ist der größte und zweitjüngste Wiens. Erst 1954 wurden die heutigen Grenzen festgelegt. Er bestand damals aus den Ortsteilen Aspern, Breitenlee, Hirschstetten, Kagran, Kaisermühlen, Stadlau und Süßenbrunn. Sein jüngster Ortsteil, die Donau City, begann erst 1964 mit der Wiener Internationalen Gartenschau (WIG64) zu entstehen Das Vienna International Center (VIC) allgemein als UNO City bekannt (im 360°-Panoramabild links), wurde 1973-79 von Johann Staber auf einer Fläche von 17 ha angelegt und 1983-87 um ein Konferenzzentrum, das Austria Center Vienna, erweitert.

Mit der Regulierung 1870-75 wurde die Donau, die ursprünglich in mehreren Nebenarmen durch das heutige Gebiet des Bezirkes floss, in ein breites Bett gezwungen. Mehrere Hochwasser zeigten allerdings, dass dies die Hochwassergefahr nicht endgültig bannte, und so wurde 100 Jahre später parallel zur Donau ein Entlastungsgerinne gebaggert. Dieses Parallelgewässer und die aus dem Aushubmaterial entstandene Donauinsel sind heute eine beliebtes Naherholungs- und Ausflugsgebiet, liebevoll Copa Cagrana – nach Kagran, dem Zentrum des Bezirkes Donaustadt – genannt.

Der Wiener Donauturm (das 360°-Panoramabild zeigt die Aussicht von der Besucherplattform in 150 m Höhe), errichtet von Architekt Hannes Lintl, wurde zur WIG64 eröffnet und prägt mit seinen 252 m Höhe seither das Stadtbild der österreichischen Bundeshauptstadt. Zwei Drehrestaurants in 160 m und 170 m Höhe bieten neben kulinarischen Genüssen grandiose Ausblicke auf Wien und sein Umland. Alljährlich findet der Donauturm-Lauf statt, ein Wettlauf, bei dem es darum geht, die 776 Stufen bis zur Aussichtsplattform in 150 m Höhe möglichst schnell zu bewältigen.

N
NO

SW
W
NW

U-Bahn-Station an der Copa Cagrana

Rathausplatz – Burgtheater

Nach Plänen von Friedrich Schmidt wurde 1868-83 das Rathaus (im 360°-Panoramabild links) mit seinen 1.575 Räumen und 2.035 Fenstern auf einer Grundfläche von 19.592 m² errichtet. Der Platz vor dem Rathaus ist ganzjährig ein beliebter Veranstaltungsort, auch der Wiener Christkindlmarkt findet hier statt.

Die Glanzzeit der Wiener Schauspielkunst begann 1776, das Ensemble des k. u. k. Hoftheaters musste allerdings noch 100 Jahre auf die neue Spielstätte warten. Das Burgtheater (im 360°-Panoramabild rechts) wurde 1874-88 nach Plänen von Gottfried Semper gegenüber dem Rathaus errichtet. Das berühmte Restaurant „Landtmann" liegt zwischen Parteizentralen, der alten Universität, dem Burgtheater und dem Rathaus im Brennpunkt von Kultur, Politik und Wissenschaft. Dementsprechend liest sich seine Gästeliste.

Die 1365 von Rudolf IV. und seinen Brüdern Albrecht III. und Leopold III. gegründete Universität Wien, die Alma Mater Rudolphina, ist die älteste und größte Universität im heutigen deutschen Sprach- und Kulturraum. Das Hauptgebäude an der Ringstraße wurde 1877 bis 1884 von Heinrich Ferstel erbaut.

K.K. HOFBURGTHEATER

TIEFGARAGE
RATHAUSPLATZ
ABGANG-KASSA

Die Alma Mater Rudolfina, im Hintergrund die Votivkirche

Café Landtmann

Parlament

Die Wiener Ringstraße wurde auf Anordnung von Kaiser Franz Josef I. aus dem Jahr 1857 an Stelle der alten Befestigungsanlagen erbaut. Eine internationale Ausschreibung gewannen damals die Architekten L. C. F. Förster, A. S. von Sicardsburg, E. van der Nüll und F. Stache. Die großzügig angelegte Prunkstraße ist 6,5 km lang und 57 m breit. 2 parallele Alleen ziehen sich über ihre gesamte Länge. Die offizielle Eröffnung fand am 1. Mai 1865 statt, die Monumentalbauten entlang dieser Straße folgten zwischen 1869 und 1888.
Das Parlament (360°-Panoramafoto) mit seiner Säulenfront und dem Dreiecksgiebel wurde 1873-84 von T. von Hansen nach griechischem Vorbild erbaut. Der Pallas-Athene-Brunnen wurde erst 1893-1902 von C. Kundmann geschaffen.
Die Freyung – der Name kommt wahrscheinlich daher, dass das Schottenkloster Befreiung von der städtischen Gerichtsbarkeit bot – war über mehrere Jahrhunderte ein bedeutender Marktplatz, der heute wie damals vom Schottenkloster und den drei Stadtpalästen Palais Harrach, Palais Kinsky und Palais Ferstel dominiert wird. In der Mitte des Platzes steht der Austria-Brunnen von L. Schwanthaler aus den Jahren 1844-46.

Das Parlament und der Pallas-Athene-Brunnen

RENE MAGRITTE
DATE
PALAIS FERSTEL
FREYUNG PASSAGE
PALAIS FERSTEL

Die Freyung

APOTHEKE
KRAUTERHAUS

HAUS DER BUERGERL. SCHNEIDER
PANTHERBRAU

Judenplatz

Der Judenplatz ist Brennpunkt der tragischen jüdischen Geschichte Wiens. Bei den Fundamentierungsarbeiten für das „Mahnmal", ein Werk der Künstlerin Rachel Whitereads im Jahr 2000 stieß man auf die Reste der mittelalterlichen Or-Rarua-Synagoge: Die Ruinen erinnern an die Vernichtung der ersten jüdischen Gemeinde Wiens in der „Wiener Gesera" in den Jahren 1420-21, das Mahnmal erinnert an die österreichischen Opfer der Shoa. Zusammen mit dem Jüdischen Museum wurde der Judenplatz damit zu einer europaweit einzigartigen Gedenkstätte.
Die heutige Statue von Gotthold Ephraim Lessing – die erste wurde 1940 von den Nationalsozialisten entfernt und eingeschmolzen – wurde 1968 von Siegfried Charoux geschaffen, zunächst am Morzinplatz und erst 1982 hier aufgestellt.
Von der Loggia der geschichtsträchtigen Kirche am Hof verkündete 1806 ein kaiserlicher Herold das Ende des Heiligen Römischen Reiches und 1983 spendete Papst Johannes Paul II von dort den Ostersegen.
Der Graben – früher Teil der Wiener Befestigungsanlagen – mit seiner Pestsäule ist heute eine der nobelsten Einkaufsstraßen Wiens.

Lessing-Denkmal auf dem Judenplatz

Die Kirche am Hof

Haus der Wiener Gastwirte
I. Stadt
JudenPlatz
HAAR
SCHNITT

MDCCLI
ZAHNARZT

Graben und Paulskirche

RASPER Madam

1., Seilergasse
1
Seilergasse
AUGARTEN
AUGARTEN WIEN
WIENER STÄDTISCHE
DAMEN · HERREN
FRISEUR
IM HALBSTOCK
SOUVENIR
Coca-Cola

Stock-im-Eisen-Platz

Der Stock-im-Eisen-Platz befindet sich an der Einmündung von Wiens Nobeleinkaufsmeilen Graben (im 360°-Panoramafoto Mitte) und Kärntnerstraße in den Stephansplatz. Um den Nagelbaum, der etwa 1440 gefällt wurde und dem Platz den Namen gab, ranken sich viele Legenden. Fest steht, dass ab dem 18. Jahrhundert Wandergesellen auf der „Walz" Nägel in das Holz des Stammes trieben. Über den Hintergrund der mittelalterlichen Benagelung kann man keine klare Aussage treffen.
Der gotische Stephansdom am Stephansplatz, von den Wienern liebevoll „Steffl" genannt, ist eine der schönsten Kathedralen der Welt. Seine lange Baugeschichte, die bis in das Jahr 1147 zurück reicht, erklärt auch die verschiedenen Stilrichtungen, die an dem Bauwerk zu erkennen sind.
An der Stelle des heutigen Haashauses (nächste Seite, linkes Bild), welches 1985-90 errichtet wurde und eines der schönsten zeitgenössischen Bauwerke Wiens ist, stand einst das erste Warenhaus der Stadt.
Die Pestsäule auf dem Graben (ganz rechts, unten) wurde 1686 in Erfüllung des Gelöbnisses von Kaiser Leopold I, das er während der vorangegangenen Pestepidemie gab, aufgestellt.

Stock-im-Eisen-Platz, Stephansdom, Pestsäule

Wenn Sie spenden, sind wir schon drei.
MONEY EXCHANGE
CAFE KONDITOREI
Aida
WMF
Presentation
AUGARTEN
AUGARTEN WIEN

FRISEUR
ADIL BESIM
STEFANEL
CAFE EUROPE
EIS
ZARA

Haas-Haus

Der Wiener Steffl

Blick vom Stephansdom

DON GIL
FACTORY OUTLET
Mostly Mozart
Souvenirs
Chocolates
Presents
GERSTENBERGER
MONEY CHANGE
SISLEY
Jones
MANIA

Kärntner Straße

Die Kärntner Straße (360°-Panoramafoto), eine von Wiens nobelsten Einkaufsstraßen, führt von der Ringstraße bis zum Stephansplatz. Sie beginnt beim Stephansdom und führt bis zur Staatsoper. Einige der hier ansässigen Läden können ihre Wurzeln bis weit in die Tage der k. u. k. Monarchie zurückverfolgen, wie das Glashaus Lobmeyr, das 1823 gegründet wurde.
Die Wiener Staatsoper ist das bedeutendste Opernhaus Wiens und eines der bekanntesten und renommiertesten der Welt. Die Architekten E. van der Nüll und S. von Sicardsburg wurden für den Bau so heftig kritisiert, dass van der Nüll sogar Selbstmord beging. Das Gebäude wurde im Zweiten Weltkrieg beschädigt, von E. Boltenstein renoviert und am 5. November 1955 wiedereröffnet.
Anstelle der von den Franzosen verwüsteten Festungswerke ließ Kaiser Franz I. 1819 den Burggarten anlegen, der ab 1848 von Kaiser Franz Josef I. vergrößert und umgestaltet wurde. Die berühmtesten Denkmäler in diesem Park sind die Abbilder von Kaiser Franz Josef I., Kaiser Franz I., Goethe und Mozart (übernächste Seite). 1901 wurde der Garten nach Plänen von Friedrich Ohmann um ein Jugendstil-Glashaus ergänzt, in dem sich heute das Schmetterlingshaus befindet.

Ecke Kärntner Straße – Walfischgasse

Douglas
Douglas

MISS SIXTY
BERNHART
BERNHART
Mania
Mania
SALE

Wiener Staatsoper

Wolfgang-Amadeus-Mozart-Denkmal

BONBONS
ANZINGER

Albertinaplatz

Der ehemalige Wiener Wohnsitz von Herzog Albert von Sachsen-Teschen, im Süden des Platzes (360°-Panoramafoto, rechts), wurde zwischen 1742-45 und 1801-07 errichtet. Der Herzog war ein begeisterter Sammler von Zeichnungen und Druckgrafiken. Im Frühjahr 1919 gingen Gebäude und Sammlung in den Besitz der Republik Österreich über und werden seit 1921 „Albertina" genannt.

In der Mitte des Albertinaplatzes wurde 1988 das aus vier Teilen bestehende Werk des österreichischen Künstlers Alfred Hrdlicka, „Mahnmal gegen Frieden und Faschismus", enthüllt (rechts und 360°-Panoramafoto).

Hinter der Staatsoper (im 360°-Panoramafoto Mitte) befindet sich das ehrwürdige Hotel Sacher, das weltweit vor allem durch seine Spezialität, die Sachertorte, bekannt ist.

1327 stiftete Herzog Friedrich der Schöne dem Augustinerorden eine Kirche und ein Kloster (360°-Panoramafoto, rechts). Etwa 300 Jahre später wurden die Gebäude in den Albertinatrakt der Hofburg integriert. Bekannte Habsburger heirateten in der Augustinerkirche, wie Maria Theresia und Franz Josef I.

Albertinaplatz

Staatsoper

ALBERTINA
GRAZER WECHSELSEITIGE

ALBERTINA
AUGUSTINER
KELLER
Heurigenrestaurant
MUSIK
ALBERTINA
CAFE
MOZART

Die Albertina auf der Augustinerbastei

ALBERTINA

Schmetterlingshaus

In einem der schönsten Jugendstilglashäuser der Welt, dem Palmenhaus im Burggarten, ist seit 1998 das Schmetterlingshaus untergebracht (360°-Panoramafoto). Das 2.050 m² große Glashaus wurde 1901 nach Plänen von Friedrich Ohmann an Stelle des alten Gewächshauses errichtet.
Nach Plänen von Landschaftsmaler Josef Selleny wurde der Stadtpark am linken Wienflussufer von Stadtgärtner Rudolf Siebeck angelegt. Vorbild waren dabei englische Gartenanlagen. Das Areal, das die Wiener auch bereits vor Eröffnung des Parks gern aufsuchten, wurde 1862 als erste öffentliche Parkanlage Wiens eröffnet. Er liegt direkt an der Wiener Ringstraße und wurde nach der Regulierung des Wienflusses mit Pavillons und Ufertreppen ausgestattet. 1865-67 wurde nach Plänen von Johann Garben der Kursalon ergänzt, ein Prachtgebäude im Stil der italienischen Renaissance.
Zunächst war im Park das Abhalten von Vergnügungen untersagt, was sich aber mit den berühmten Konzerten der Familie Strauß bald änderte. Eine vergoldete Statue des Meisters Johann Strauß wurde 1921 enthüllt. Aber auch anderen berühmten Wienern hat man hier Denkmäler gesetzt.

Schmetterlingshaus im Burggarten

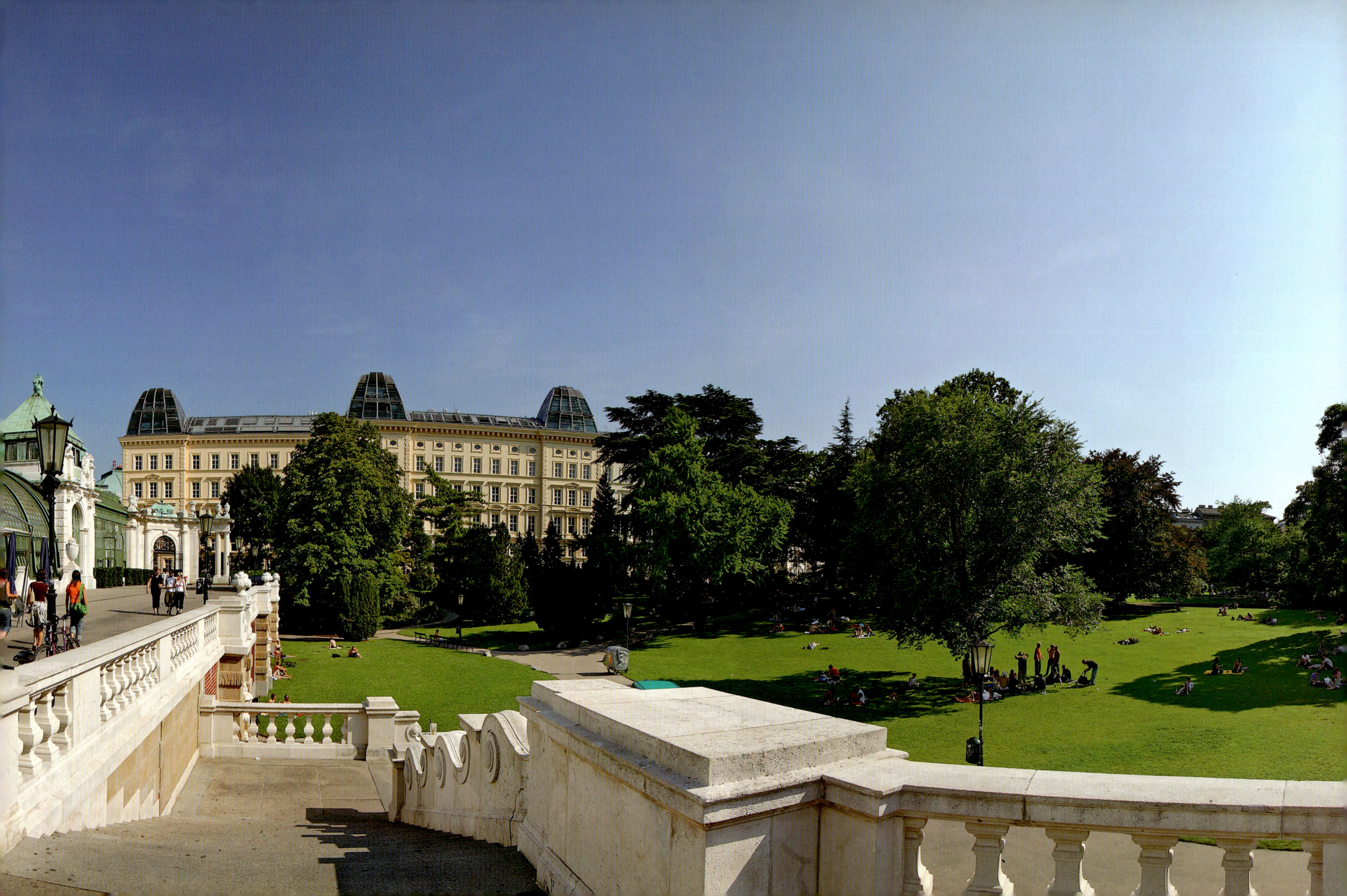

Der Walzerkönig Johann Strauß

Schubert-Denkmal

Pavillon im Stadtpark

Michaelerplatz

Der 30 ha große Komplex der Wiener Hofburg (360°-Panoramafoto Mitte, alle Bilder dieser Seite und umseitiges Panoramafoto) setzt sich aus einer Reihe von Gebäuden zusammen. In dem 1735 erbauten Teil auf dem Michaelerplatz (360°-Panoramafoto) ist die Spanische Hofreitschule untergebracht.

Das Looshaus (360°-Panoramafoto, rechts), als „Haus ohne Augenbrauen", bekannt und von Kaiser Franz Josef I. gefürchtet, wurde nach Plänen von Alfred Loos 1910 errichtet.

1990-91 wurde auf dem Michaelerplatz römisches und renaissancezeitliches Mauerwerk (360°-Panoramafoto, Mitte) ausgegraben.

Die spätromanische Michaelerkirche (360°-Panoramafoto, links) stammt aus dem 13. Jahrhundert. Sie wurde im Laufe der Jahrhunderte mehrmals umgebaut und erhielt erst 1792 ihre heutige Gestalt. Sehenswert ist die Michaelergruft mit ihren hunderten mumifizierten Leichen. Die Toten verwesten aufgrund der hier herrschenden besonderen klimatischen Bedingungen nicht und so kann man noch deutlich die Kleidung der damaligen Zeit erkennen. Auch Pietro Matastino, Mozarts Librettist ist hier bestattet.

Reiterstandbild von Kaiser Josef II.

Ausgrabungen auf dem Michaelerplatz

RAIFFEISENBANK
WIEN
RAIFFEISENBANK
ADONIS
DEHM & OLBRICHT

CAFE GRIENSTEIDL

In der Burg

MQ

Maria-Theresien-Platz

Das Kunsthistorische (360°-Panoramafoto, rechts) und das Naturhistorische (360°-Panoramafoto, Mitte) Museum wurden nach Entwürfen Gottfried Sempers und Karl Freiherr von Hasenauers 1871-89 unter der Regentschaft von Kaiser Franz Josef I. am Maria-Theresien-Platz erbaut. Sie beherbergen unter anderem die enormen Sammlungen der Habsburger. Jedes der beiden Gebäude ist 170 m lang und 70 m breit, hat einen großen Innenhof und ist von einer bis in 65 m Höhe aufragenden Kuppel gekrönt. Einige der Sammlungen sind weltweit einzigartig. So beherbergt das Naturhistorische Museum die größte Meteoritensammlung. Im Zentrum des Platzes zwischen den Museen steht das gewaltige Maria-Theresien-Denkmal (rechts), geschaffen von Caspar Zumbusch und 1888 enthüllt. Das Denkmal zeigt die Kaiserin umgeben von Allegorien der Kraft, Weisheit, Gerechtigkeit und Milde. Im Unterbau ist Maria Theresia von ihren vier großen Feldherren Daun, Laudon, Traun und Khevenhüller umgeben.
Der Heldenplatz (nächste Seite) ist der äußere Burgplatz der Hofburg und nimmt seinen Namen von den beiden Reiterdenkmälern, die dort aufgestellt sind. Zum Ring begrenzt das äußere Burgtor (rechts unten) den Platz.

Oben: Naturhistorisches Museum; unten: Äußeres Burgtor

Prinz-Eugen-Denkmal auf dem Heldenplatz vor der Neuen Burg.

Die traditionsreiche Urania (oben) am Donaukanal (übrige Bilder dieser Seite) wurde 1909 als Bildungszentrum gebaut und beherbergt eine Sternwarte, ein Kino, ein Puppentheater, ein Restaurant und Veranstaltungsräume. Im Zweiten Weltkrieg wurde das Gebäude stark beschädigt, erst 1957 wiedereröffnet und 2003 generalsaniert.
Der Donaukanal, der südliche Seitenarm der Donau, wurde bereits 1598-1600 erstmals von Freiherr von Hoyos reguliert und im 19. Jahrhundert zum Schutz gegen Hochwasser ausgebaut. Seit etwa 10 Jahren werden Teile des Ufers als Freizeitlandschaft genutzt.

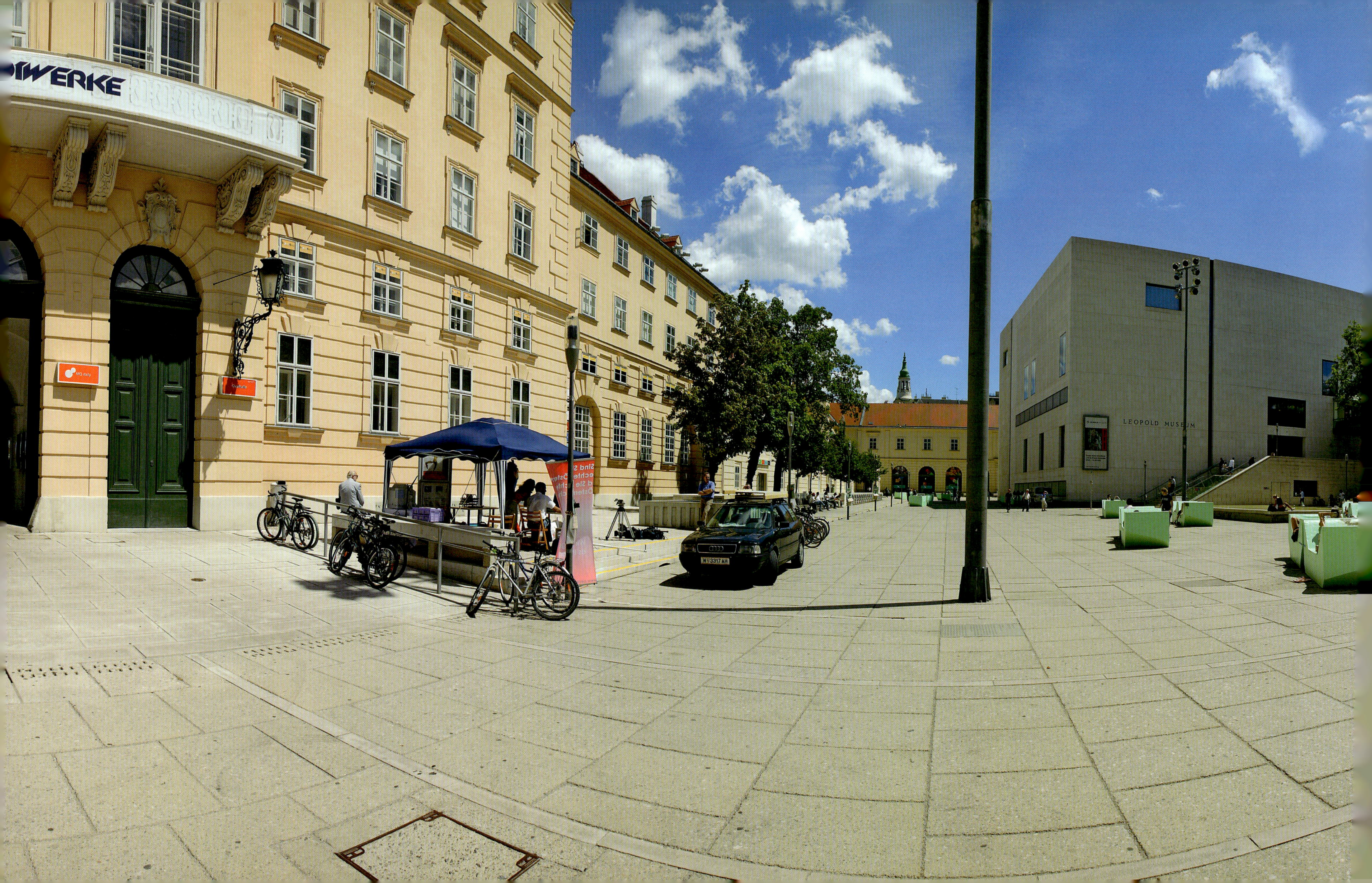
IWERKE
LEOPOLD MUSEUM

Museumsquartier

Die 1656-1723 nach Plänen von Johann Bernhard Fischer von Erlach erbauten Hofstallgebäude Kaiser Karls VI. fanden nach dem Ende der österreichisch-ungarischen Monarchie ab 1921 als Ausstellungszentrum „Messepalast" Verwendung. 1998-2001 wurde die Anlage in das heutige MuseumsQuartier (360°-Panoramafoto und Bilder rechts und ganz rechts), eines der zehn größten Kulturareale der Welt, umgebaut. Im Innenhof wurden zwei Neubauten, einer aus hellem Sandstein, der andere aus schwarzem Basalt ergänzt, in denen das Leopold-Museum und die Ludwig-Stiftung Wien untergebracht sind. Barocke Gebäude, moderne Architektur, kulturelle Einrichtungen, Kunst und Parkanlagen bilden hier eine einmalige Einheit.
Die Mariahilferstraße (nächste Seite) zwischen Ringstraße und Gürtel war bereits im Mittelalter ein wichtiger Verkehrsweg. Ihren Namen erhielt sie erst 1862, nachdem sie bis dahin unter verschiedensten Namen bekannt war. Heute ist sie eine beliebte und belebte Einkaufstraße.
Die Wiener Secession ist ein Gebäude (übernächste Seite), eine Künstlervereinigung und auch die Wiener Variante des Jugendstils.

Museumsquartier

Generalsponsor des MQ
MQ Point

FRANZ JOSEPH I.
MDCCCLIV
KUNSTHALLE wien
Lebt und arbeitet in Wien II
KUNSTHALLE wien
TAGEBUCH EINES VERSCHOLLENEN
www.festwochen.at
Kunst funktioniert.
A1

Mariahilfer Straße und Kirche Mariahilf

Die Wiener Secession

Palais Liechtenstein

Das Palais Liechtenstein (360°-Panoramafoto und Bilder rechts) wurde als Gartenpalais von Domenico Endigo Rossi und Domenico Martinelli für Fürst Johann Adam Andreas I. von Liechtenstein gebaut. 1688 wurde der Bau begonnen, 1700 war der Rohbau fertig. Für die Ausmalung der oberen Geschosse wurden die Italiener Marcantonio Franceschini, Antonio Belucci und Andrea Pozzo engagiert, das Erdgeschoß wurde von Johann Michael Rottmayr ausgemalt. Die ursprünglich barocke Gartenanlage, deren Vasen und Statuen von Giuseppe Mazza und Giovanni Giuliani stammen, wurde um 1820 von Joseph Kornhäusel im klassizistischen Stil angelegt. Nach umfangreichen Renovierungsarbeiten beherbergt das Palais seit 2004 wieder das Liechtenstein-Museum. In den barocken Schauräumen wird die private Kunstsammlung des Fürstenhauses Liechtenstein zur Schau gestellt.
Der Schwarzenbergplatz (umseitiges Panoramafoto), 1880 nach Karl Philipp Fürst Schwarzenberg benannt, war ursprünglich Teil des Wiener Glacis. Der Hochstrahlbrunnen erinnert an die Fertigstellung der 1. Wiener Hochquellenwasserleitung, das Denkmal zu Ehren der Sowjetarmee an die Befreiung Wiens im Jahr 1945.

Der Garten des Palais Liechtenstein.

LIECHTENSTEIN
MUSEUM

Schwarzenbergplatz mit Hochstrahlbrunnen und Denkmal für die Rote Armee

KARLSPLATZ

Karlsplatz

Die Stadtbahnstation Karlsplatz (360°-Panoramafoto) wurde 1899 eröffnet und war eine Haltestelle der ehemaligen Wientallinie der Wiener Stadtbahn, auf der heute die U-Bahnlinie U4 verkehrt. Die beiden gegenüber liegenden Bauten, von denen es heute keinen Zugang mehr zum Bahnnetz gibt, wurden von Otto Wagner erbaut und von Joseph Maria Olbrich verziert.
Die Karlskirche (im 360°-Panoramafoto rechts, rechtes Bild und übernächste Seite) wurde 1716-37 im Auftrag von Kaiser Karl VI., als Dank für die überstandene Pestepidemie von 1713 erbaut. Architckten waren J. B. Fischer von Erlach und sein Sohn. Sie ist dem heiligen Karl Borromäus geweiht und nach dem Stephansdom das bedeutendste Gotteshaus Wiens.
Das Künstlerhaus (ganz rechts) und die gleichnamige Künstlervereinigung gehen auf das Jahr 1861 zurück. Der Verein widmete sich damals wie heute allen Bereichen der Bildenden Kunst.
Der Wiener Musikverein ist nicht nur wegen des alljährlich hier abgehaltenen Neujahrskonzertes weltberühmt. Das Gebäude wurde 1863-70 von Theophil von Hansen gebaut und enthält fünf Konzertsäle, deren Akustik einzigartig ist.

Karlskirche

Künstlerhaus

SAMSUNG
HANDELSAKADEMIE
DER

Musikverein

Karlskirche

Schloss Belvedere

Der berühmte Feldherr Prinz Eugen von Savoyen ließ 1714-22 das Obere und das Untere Belvedere (360°-Panoramafoto und Bilder rechts) nach den Plänen von J. L. von Hildebrandt erbauen. Die Anlage zählt zu den bedeutendsten Barockbauten des 18. Jahrhunderts und beherbergt die Österreichische Galerie, die einen Überblick über die Kunst des Landes vom Mittelalter bis in die Neuzeit bietet. Unter anderem sind Gemälde von Egon Schiele, Oskar Kokoschka und Gustav Klimt zu sehen. Die symmetrisch angelegte Parkanlage zwischen den beiden Gebäuden war einer der schönsten Gärten der damaligen Zeit. Das Jahr 1955 war nicht nur für Österreich, sondern auch für das Belvedere ein historisches Jahr. Im Marmorsaal des oberen Belvedere unterschrieben die Besatzungsmächte und Außenminister Leopold Figl den Staatsvertrag, der Österreich seine Unabhängigkeit zurückgab.
Das Hundertwasser-Haus (nächste Seite) im 3. Wiener Gemeindebezirk wurde 1985 fertig gestellt. Das Haus, wie auch die Müllverbrennungsanlage Spittelau (übernächste Seite) wurden vom Wiener Künstler Friedensreich Hundertwasser gestaltet, der nicht nur durch seine Bauwerke, sondern vor allem als Maler Weltruhm erlangte.

Oberes und unteres Belvedere

Hundertwasser-Haus

Müllverbrennungsanlage Spittelau, gestaltet von Friedensreich Hundertwasser.

ExTASY
ExTASY
Geister Schloss
Geister
Schloss
Kassa
AUSGANG

Prater

Die Ursprünge des Wiener Praters (360°-Panoramafoto) gehen auf das 12. Jahrhundert zurück. 1766 wurde das einst kaiserliche Jagdgebiet für die Allgemeinheit zugängig gemacht. Bald darauf gab es in einem Teil des Praters, dem so genannten „Wurstelprater", Karussells, Schiessbuden, Imbiss-Stände, Ringelspiele, 1926 das erste „Autodrom" und 1933 die erste Geisterbahn. 1928 ging die heute noch fahrende Lilliputbahn in Betrieb. Der Prater passte sich zwar dem Trend der Zeit an, die Kraftmessmaschine „Watschenmann" gibt es jedoch noch immer.
Eines der Wahrzeichen Wiens ist das Riesenrad (übernächste Seite). Es wurde 1897 anlässlich des 50. Thronjubiläums von Kaiser Franz Josef I. von dem Engländer Basset errichtet. Mit einem Durchmesser von 61 m beförderte es 30 Waggons, seit 1947 aus Sicherheitsgründen nur mehr 15. Mit seiner gigantischen Beleuchtung ist es auch eine überdimensionale Uhr, die man aus vielen Teilen der Stadt sehen kann.
Die Wiener Messe hat als Veranstaltungszentrum lange Tradition. Im Jahr 2004 wurde das Areal grundlegend zu einem neuen Messe- und Ausstellungszentrum umgestaltet und modernisiert.

Vergnügungspark Wurstelprater

SUPERMAN
EINGANG
VOLARE
SUPERMAN 2
VERBOTEN

KASSA
FAHRPREIS
PRO PERSON €3.00
PRO PERSON
SORIANI & MOSER

Die neuen Messehallen der Messe Wien

Das Wiener Riesenrad

AUSTRIA CENTER
ACV
WWW.ACV.AT

Uno-City

Das Internationale Zentrum Wien (360°-Panoramafoto und alle Bilder dieser Seite) oder auch Vienna International Center ist landläufig als UNO-City bekannt, ist es doch einer der vier Amtssitze der Vereinten Nationen. Die markante Y-förmige Anlage wurde 1973-79 nach Plänen des Architekten Johann Staber auf einem 17 ha großen Areal errichtet. Insgesamt haben die Geschosse eine Fläche von 230.000 m², das höchste Gebäude hat 28 Etagen und ist 120 m hoch. In den Gebäuden arbeiten etwa 5.000 Mitarbeiter verschiedenster Organisationen der Vereinten Nationen. Die UNO bezahlt für die Miete des Gebäudekomplexes den symbolischen Mietzins von 7 Cent pro Jahr, was früher 1 Österreichischen Schilling entsprach, die Betriebskosten werden von den jeweiligen Organisationen getragen.
In den Jahren 1983-87 wurde der Komplex um ein Konferenzzentrum, das Austria Center Vienna, erweitert. Es wurde ebenfalls von dem Österreicher Johann Staber geplant und bietet mit seinen 14 Sälen Platz für bis zu 9.500 Personen. Es ist damit das größte Konferenzzentrum Österreichs und wird vorwiegend für internationale Kongresse, Bälle und Ausstellungen genutzt.

UNO-City und Donau-City

Der Grinzinger Reisenberg

RUDOLF TENTSCHERT
BAR PUCCO'S CAFE
VINOTHEK

Grinzing

Der Stadtteil Grinzing (360°-Panoramafoto und Bild rechts unten) war bereits 1114 ein größeres Dorf, das bis 1891 eine selbständige Weinhauergemeinde war. Danach wurde es in den 19. Wiener Gemeindebezirk Döbling eingegliedert. Schon zu Zeiten von Kaiser Probus wurden 276 n. Chr. von den römischen Legionären in der Gegend Wein gebaut. Dieser Weinbau prägte sich später zur Haupteinnahmequelle aus und das Dorf, dessen Kern unter Denkmalschutz steht, genießt mittlerweile Weltruf.

Der Reisenberg (Bilder rechts oben) ist eine der bekanntesten Weinlagen von Grinzing. Auf dem 382 m hohen Berg, der dem Latisberg vorgelagert ist, hatte das Stift Klosterneuburg bereits im 14. Jahrhundert ausgedehnte Weingartenanlagen. Auch heute ist die Gegend bedeckt von Weingärten in denen der fruchtige „Grinzinger" wächst.

Der Wiener Würstelstand (nächste Seite) ist eine „Institution" die aus dem kulinarischen Angebot der Stadt schon lange nicht wegzudenken ist. Vom Minister bis zum Schulbuben ist hier alles anzutreffen und die „klasse Hasse" (übersetzt eine erstklassige heiße Wurst) ist in Wien noch immer der meistgeschätzte Leckerbissen.

Grinzing und seine Weinlagen

Toka Lee
MITRACO
ANKER

Wiener Würstelstand

City Panoramas 360° – Wien, 1. Auflage

ISBN 978-3-938446-45-4

Layout	Werner Weiler
Satz	Sabine Weiler
Texte	Helga Neubauer, Wolfgang Vorbeck
Fotos	Werner Weiler
Lektorat	NZ Visitor Publications Ltd.
Druck	Alpina Druck, Innsbruck

Alle Angaben in diesem Buch sind leider ohne Gewähr und ohne Haftung des Verlages. Der Fehlerteufel hatte auch in diesem Buch jede Menge Platz sich einzunisten. Wir sind überzeugt davon, dass er dies bisweilen auch getan hat, und sind für jeden Hinweis dankbar.

Zuschriften bitte an:
NZ Visitor Publications Ltd.
Level 27, PWC Tower, 188 Quay Street
Auckland, New Zealand
oder elektronisch an:
lektorat@nzpublications.com